マップ

世界中にはさまざまなお祭りがあります。お祭りのときは、どこの国の人々もとくべつな衣装を着たり、ごちそうを食べたりして、ふだんの日とはちがうすごし方をします。それは、お祭りにはそれぞれ意味や目的があるからです。では、世界にはどんなお祭りがあって、人々はどんなすごし方をしているのか見てみましょう。その国のお祭りを見ることで、それぞれの国の歴史や、そこでくらす人たちの大切にしているものがわかってきます。さあ、世界一周、お祭りの旅に出発しましょう！

P.20 ヨーロッパ

P.2 アジア・オセアニア

P.34 中東・アフリカ

わくわく発見！
世界（せかい）のお祭（まつ）り
竹永絵里（たけながえり）画

河出書房新社

アジア・オセアニア

ベトナム
P.13

アジアは広いので、さまざまな文化があり、お祭りの内容も国ごとにとくちょうがあります。また、仏教やヒンズー教など宗教と関係のあるお祭りが多くあります。オセアニアは小さな島々が多く、豊かな自然とかかわりのあるお祭りが見られます。

モンゴル

北部は森林が広がり、南部にはゴビ砂ばくがある国。人々は馬や羊などの動物を飼い、大平原を移動しながらくらしている。

三つのスポーツで強さをきそう
ナーダム

地域：ウランバートルほか　時期：7月11日～13日ごろ

国内のいろいろな村や町で開かれ、モンゴルの人々にとって、なくてはならない大切なお祭り。腕に覚えのある者が集まって、すもう、競馬、弓の三つのスポーツでたたかう。一番大きなナーダムは、首都ウランバートルで開かれるもの。そこでは、パレードや民族楽器を使ったえんそうなども行われる。

モンゴルのすもうは、時間のきまりがなく、勝負がつくまでやる。
相手のひざやせなかを地面につけると勝ち。

すもう

馬を走らせて、速さをきそう子どもたちだけの種目。
成長した馬では、20～50キロの長いきょりを走る。
1レースに走る馬は300～400頭。

競馬

弓

勝者は町一番の勇者として、そんけいされる。

弓で的をいるスポーツ。
60～75メートルほどはなれたところから、小さなコップのような形をした的をねらうよ。

このお祭りを見るために、外国から来る人もたくさんいて、町中がもりあがるんだ！

神様をたたえるヒンズー教のお祭り
タイプーサム

地域：シンガポール　時期：1月中旬〜2月上旬の満月の日

シンガポールではヒンズー教を信じる人が多い。悪をたいじしてくれる神様「スブラマニヤ神」に感謝の気もちをあらわすためにお祭りをする。人々は細くて長いはりをたくさん体にさして、お寺まで約4.5キロのきょりを歩く。はりをさすのは、「カバディ」というかざりを体に固定するため。

シンガポール

マレー半島の先にある小さな島国。昔からアジアとヨーロッパが交流する場所で、世界中から仕事や旅行をしに人が集まってくる。

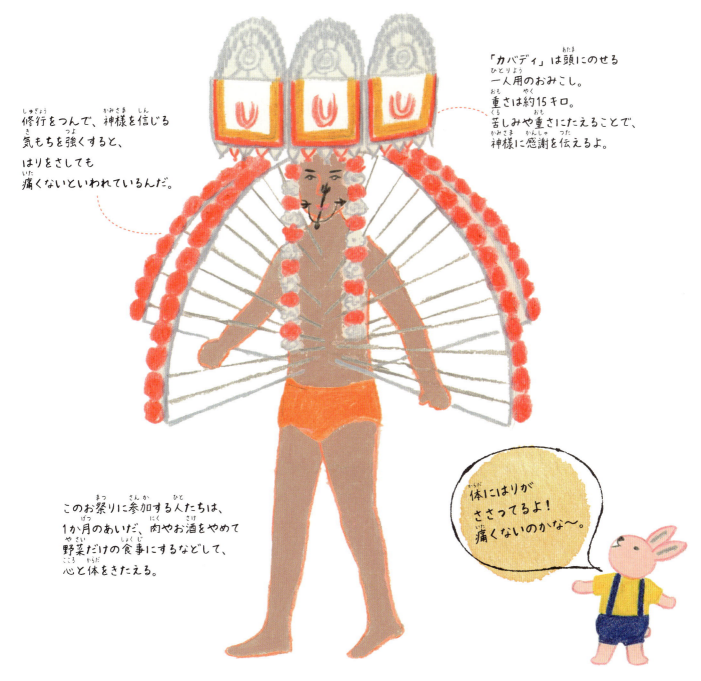

修行をつんで、神様を信じる気もちを強くすると、はりをさしても痛くないといわれているんだ。

「カバディ」は頭にのせる一人用のおみこし。重さは約15キロ。苦しみや重さにたえることで、神様に感謝を伝えるよ。

このお祭りに参加する人たちは、1か月のあいだ、肉やお酒をやめて野菜だけの食事にするなどして、心と体をきたえる。

体にはりがささってるよ！痛くないのかな〜。

フィリピン

美しいさんごしょうが広がる、7000以上の小さな島が集まってできた国。さまざまな民族がくらし、米やバナナなどの農業がさかん。

笑顔いっぱいのカラフルなお祭り
マスカラフェスティバル

地域：ネグロス島バコロド　時期：10月第3週

笑顔の仮面をかぶって、色とりどりの衣装を着たダンサーたちが大通りに集まり、楽しい音楽に合わせてダンスをおどりながらパレードをする。つらいことがあっても笑顔をわすれないようにとの思いから、このお祭りが生まれた。お祭りには見学の人が来たり、屋台がならんだりして、町全体が楽しいふんいきになる。

黄色や赤、青、金やラメなどの明るい衣装や、笑顔の仮面は、一度見たらわすれられない。

マスカラフェスティバルの「マスカラ」には、「たくさんの顔」という意味と、「仮面」という意味があるよ。

毎年、世界中から約45万人が集まるよ！

お祭りが行われるネグロス島のバコロドは、明るく気のやさしい人たちが多いので、「ほほえみの都市」と呼ばれている。

満月の夜に行うとうろう流し
ロイクラトン

地域：バンコク、スコータイ、チェンマイなど
時期：10月〜11月の満月の日

毎年、10月〜11月の満月の夜に行われる。花でかざったバナナの葉の器にのせた「とうろう」に明かりをつけて、川に流す。こうすることで、水の神様に感謝を伝え、来年も農作物がよく育つようにおいのりをする。また、自分たちの"けがれ"を洗い流して、きれいな心と体になるように願う。

ロウソクと線香をたてるよ

タイ

インドシナ半島にある国で、南部が海にむかって細長くのびている。タイ米がよくとれる。歴史のある建物が多く、旅行先として人気。

チェンマイなど北部の町では、「コムローイ」という気球のようなとうろうを夜空に飛ばす。

地元の人もほかからやって来た人も、みんないっしょになってワイワイ！

タイでは1年で一番暑い時期なので、水が気もちいいよ。

みんなで水をかけ合って大さわぎ
ソンクラーン

地域：タイ各地
時期：4月13日〜15日を中心とした1週間

タイの旧正月（4月の中ごろ）に3日間行われる。町にいる人ならだれにでも水をかけてよいが、目上の人には、そっとかけるのがマナー。水を浴びることで悪いものを追いはらい、心や体をきれいにする。そうして新しい年をむかえると、1年を元気で幸せにくらせる。

スリランカ

インドの東側の海にうかぶ島国。1972年までは、セイロンと呼ばれていた。紅茶の「セイロンティー」が有名。

100頭のゾウが集まるパレード

エサラ ペラヘラ祭リ

地域：キャンディ

時期：7〜8月の新月から満月までの間

今から1700年くらい前、インドの王女からスリランカに「仏歯」がプレゼントされた。年に一度だけ、国民に見せるため、仏歯を金色の箱に入れて、外に運びだす。そのとき、100頭以上のゾウが列を組んで、約3500人の楽隊やダンサーといっしょにパレードをする。

スリランカには、いっぱいゾウがいるんだぞう！

仏歯というのは、ブッダ（おしゃかさま）の歯。宝物なので、ふだんはお寺で大切に守られている。

スリランカでは、ゾウは神様のつかいとされている。ししゅうやビーズ、電球などでかざられたゾウが宝物を運ぶ。

仮面とダンスで聖者をたたえる
ツェチュ

地域：ブータン各地
時期：ブータン暦の各月の10日（場所によって異なる）

昔、ブータンに仏教を広めたグル・リンポチェという聖者がいた。彼のすばらしさを、大きな絵とおどりで、物語のようにして伝えるお祭り。お祭りはブータンのあちこちで3〜7日かけて行われる。人々は仕事を休んで、家族やなかまとお酒を飲んだり、おどったりして、にぎやかにすごす。

ブータン

ヒマラヤ山脈の東側にある国で、7000メートルをこえる山地と大自然にかこまれている。チベット仏教を信じる人が多い。

大きな布にししゅうされた絵は「トンドル」という。
聖者の人生のできごとが描かれている。

さわると
いいことがあるんだって！

大きな絵の前では、仮面をかぶったダンサーがおどる。ユニークなすがたで笑わせる者がいたり、あざやかな衣装でおどる者がいたりする。

ブータン暦の毎月10日、ツェチュはブータンのどこかの町や村で行われている。
お祭りの内容も、場所によってちがう。

「ツェチュ」というのは、「10日」の意味。
グル・リンポチェが生まれた日やお坊さんになった日など、大事なできごとが全部10日に起きたため。

インド

北部にはヒマラヤ山脈がそびえ立つ。長い歴史のなかでさまざまな国との交流があったため、多くの民族がいる。

町中が七色に染まる春祭り

ホーリー

地域：インド全土　時期：2月下旬〜3月下旬

インドで信じられているヒンズー教のお祭り。赤、黄、緑などあざやかな色の粉や水をかけ合う。豊作のおいのりと魔よけの意味がある。スタートは朝5時ごろ。花火が上がったり音楽が鳴ったりして、だんだんもりあがっていく。お祭りを見に来たお客さんにも、えんりょなく粉や水をかけるので、町全体が色とりどりに染まる。

人々は色に染まりながら、「ホーリー、おめでとう」と言って、だき合う。

みんなずぶぬれの粉まみれ。この日だけは、身分も年齢も関係なしに、全員で楽しむ。

7000万人がおとずれるヒンズー教のお祭り

クンブメーラ

地域：アラハバード、ハリドワール、ウジャイン、ナーシク
時期：3年に一度、7月〜9月ごろ

神様をまつるお祭りのなかでは、世界最大といわれるものの一つ。国内の四つの地で、3年に一度ずつ順番に開かれる。なかでもアラハバードのものが大きくて、インド人の20人に一人が参加するという。お祭りの期間中、うらないで決められた日時に川で水浴びをして、心身から悪いものを追いだす。

かみの毛やヒゲをのばし、はだかに近いかっこうをした「サドゥ」。きびしい修行をする人たちで、人々からそんけいされている。

10

1400年前の歴史を見て、体験して、学ぶ
百済文化祭（ペクチェムナジェ）

地域：公州市と扶余郡
時期：9月下旬〜10月上旬の約8日間

昔、朝鮮半島では百済という国がさかえていた。その時代の歴史や文化をふりかえるお祭り。中部の広い地域で8日間行われる。軍隊をイメージした路上パフォーマンスをしたり、楽隊がえんそうしたり、昔の衣服を着た人たちがパレードをしたりする。また、昔の生活を体験できたり、美しい光の広場が作られたりもする。

韓国

朝鮮半島の南半分と、済州島などの島々からできている。「百済歴史遺跡地区」などの世界遺産がある。キムチや朝鮮人参が有名。

町全体が昔にタイムスリップしたみたい！

タカにキジやウサギなどをつかまえさせる「鷹狩」も見られる。鷹狩は、2010年にユネスコ世界無形文化遺産に登録された。

日によってちがうが、朝9時ごろから夜10時半ごろまで、いろいろなイベントが続く。

インドネシア

大小1万7000以上もの島々が集まってできた国。アジアやオーストラリアなどからうつり住んだ約490の民族がくらしている。

新しいお祭りと昔のお祭りの両方が楽しめる
バリ・アートフェスティバル

地域：バリ　時期：6月上旬〜7月上旬の約1か月間

毎年6〜7月の1か月間、バリのアートセンターや国立芸術大学で開かれるお祭り。七つのステージで朝から夜まで、バリに古くから伝わるダンスや音楽から、今の時代のダンスや音楽などさまざまな芸術のイベントが行われる。いろいろな地域から人が集まるので、さまざまな民族衣装が見られる。

色とりどりの衣服やアクセサリーを身につけた人たち。めずらしい少数民族の衣装を見ることができる。

指の動きが美しいね

おしばいや学生グループのパフォーマンスなどが見られる。会場のまわりには、食べものを売る屋台がならぶ。

世界遺産の町ホイアンを照らすランタン
ランタン祭り

地域：ホイアン　時期：毎月、満月の日

昔からの町なみが残るホイアンでは、毎月満月の夜、家のげんかんや店先などに「ランタン」をかざる。ランタン祭りの夜は、電気を消して、ランタンの光だけですごす。ランタンのやわらかい光が町をやさしく照らすので、夜の散歩を楽しむために、外国からも旅行客がやって来る。

ベトナム

インドシナ半島にある南北に長い国。中国やフランスに長く支配された歴史があり、それらの文化が今でも残っている。

布で作られた色とりどりのランタン。
ランタンというのは、
日本でいう「ちょうちん」のこと。

毎月お祭りが
あるなんて、
うらやましい〜！

お祭りの日は、屋台もたくさんならぶ。
また、川に「とうろう」を流す
イベントも行われるよ。

中国

人口は14億人近く、世界で一番多い。おとなりのネパールとのあいだに、世界一高いエベレスト山がある。万里の長城が有名。

中国でもっとも大事な祝日

春節（しゅんせつ）

地域：中国全土　時期：1月下旬～2月中旬の約1週間

1月の終わりごろから1週間ほど行われる、神様をむかえるためのお祭り。中国では、昔のカレンダーで正月にあたる日（旧正月）を「春節」と呼んで、今の正月より大切にする。町なかでは、龍や獅子がおどり、パレードが行われる。

ばくちくは耳が痛くなるくらい大きな音がする！

年こしギョウザを食べるよ！

悪いものを追いはらうためにばくちくを鳴らす。

玉を追って、龍が体をくねらせながらおどる。十数人の男性が、棒で龍の体をささえる。

中国では、赤はおいわいの色。赤色のちょうちんをかざったり、えんぎのよい言葉を赤い短冊に書いてつるしたりする。

生きた少女の神様クマリが町をまわる
インドラジャトラ

地域：カトマンズ　時期：9月〜10月ごろの約1週間

ネパールには何百万もの神様がいると考えられている。雨をふらせる神様「インドラ」をむかえるために、昔の王宮だった広場に大きくて太い柱を立てて、今年の豊作をいのる。お祭りの日は、女神の生まれ変わりとされる少女「クマリ」をのせた山車が町をまわって、悪霊が悪さをしないように追いはらう。

ネパール

インドと中国のあいだにある、東西に細長い国。仏教やヒンズー教を信じる人が多く、ネパールだけの神様もいる。そのため、お寺が多い。

ヒンズー教の神々のかっこうをするよ

ダンサーたちが、みんなの幸せをいのっておどる。

昔の王宮には、守護神の像がある。
お祭りのときは、
その像の口からお酒が流れでて、
飲むことができる。

クマリをのせた山車が来ると、
人々は地面にひざをついて、
頭を下げる。

クマリは未来を予言するといわれているよ！

ラオス

インドシナ半島にある国。メコン川の近くは、水が豊かで稲がよく育つ。山のほうに行くと、少数民族がくらす村がたくさんある。

国中のお坊さんが大集合
タートルアン祭

地域：ビエンチャン　時期：11月の満月の日

ラオスでは仏教を信じる人が多い。ラオスで一番大きなお祭りは、タートルアンというお寺で、毎年11月の満月の日に開かれるお祭り。ラオス中からお坊さんが集まって、いっせいにお経を読みあげる。お祭りに来た市民たちは、お経に合わせて、願いごとをする。

タートルアンというのは、「大きい仏塔」という意味。

ラオスの人々にとって、タートルアン祭はとくべつな日。お祭りの何日も前からお店がならんで、町がにぎわうよ。

ラオスで一番の美人を決めるコンテストもあるよ！

お坊さんたちは、歩いてお寺にむかう。長い長い行列がどこまでも続く。

食べ物などの供物を持った人が集まってくるよ。

16

精霊のかっこうでおどる、戦士たちの社交場
ゴロカショー

地域：ゴロカ　時期：9月16日前後の3日間

パプアニューギニアには800以上の部族がいる。お祭りのときは、それぞれの祖先の霊や精霊をあらわす、けしょうや仮面、腰巻き、頭かざりなどをつけてゴロカの町に集まる。そして、「シンシン」という、勇ましい歌とダンスで精霊にいのりをささげたり、自分たちの強さをアピールしたりする。

パプアニューギニア

ニューギニア島の東半分と、そのまわりの島々からなる。島のほとんどが熱帯雨林で、ゴクラクチョウなどのめずらしい動植物の宝庫。

部族ごとに、自然や動物、先祖のたましいなど、信じている精霊がちがう。

どろや絵の具などを使って、全身にけしょうをする。鳥のはねや貝がら、動物の骨などで作ったアクセサリーもつける。

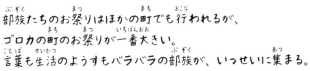

部族たちのお祭りはほかの町でも行われるが、ゴロカの町のお祭りが一番大きい。言葉も生活のようすもバラバラの部族が、いっせいに集まる。

バヌアツ

オーストラリアの北東にうかぶ80あまりの島々からなり、ほとんどが火山でできた島。コーヒーやカカオなどの農業がさかん。

勇気だめしのバンジージャンプ
ナゴール

地域：ペンテコスト島　時期：4月と5月の毎週土曜日

ペンテコスト島では、木で組んだやぐらの上から、男の人が飛びおりる儀式がある。バンジージャンプのもとになったといわれるお祭りで、命を守ってくれるのは、足首に巻いたつるだけ。たまに、つるが切れて、地面にぶつかることもある命がけのぎしきだ。高い場所から飛ぶほど、人々からそんけいされる。

やぐらの高さは20〜30メートルもある。
命をかけたお祭りをするのは、
男らしさや勇気をしめすためと、
ヤムイモの豊作をいのるためだよ。

ヒャ〜こわい！目がまわっちゃう〜。

飛んでいるのは少年や男性の若者たち。
ナゴールを飛ぶことができると、
一人前の男として、
おとなのなかま入りができるんだ。

ふかふかの土。

一流のマジシャンやサーカスが集まるお祭り

アデレード・フリンジ・フェスティバル

地域：アデレード
時期：2月中旬〜3月中旬の約4週間

南部のアデレードという町では、毎年2月中ごろから3月中ごろにかけて、大きなお祭りが開かれる。手品をするマジシャン、お手玉のようにボールをあやつるジャグラー、おもしろい動きをするパントマイムなどがあちこちで見られる。さまざまな分野でかつやくする世界的なアーティストたちが集まってくるので、どれを見ていても楽しくて、おどろきの連続。

オーストラリア

世界で6番めに大きな国。南半球（赤道より南側）にあるので、クリスマスは真夏。コアラやカンガルーが有名。

はでな衣装を着たダンサーがおどる。お祭りのにぎわいは、4週間も続くよ。

世界中から約4000人のアーティストが集まって、町全体がサーカスのようになる。

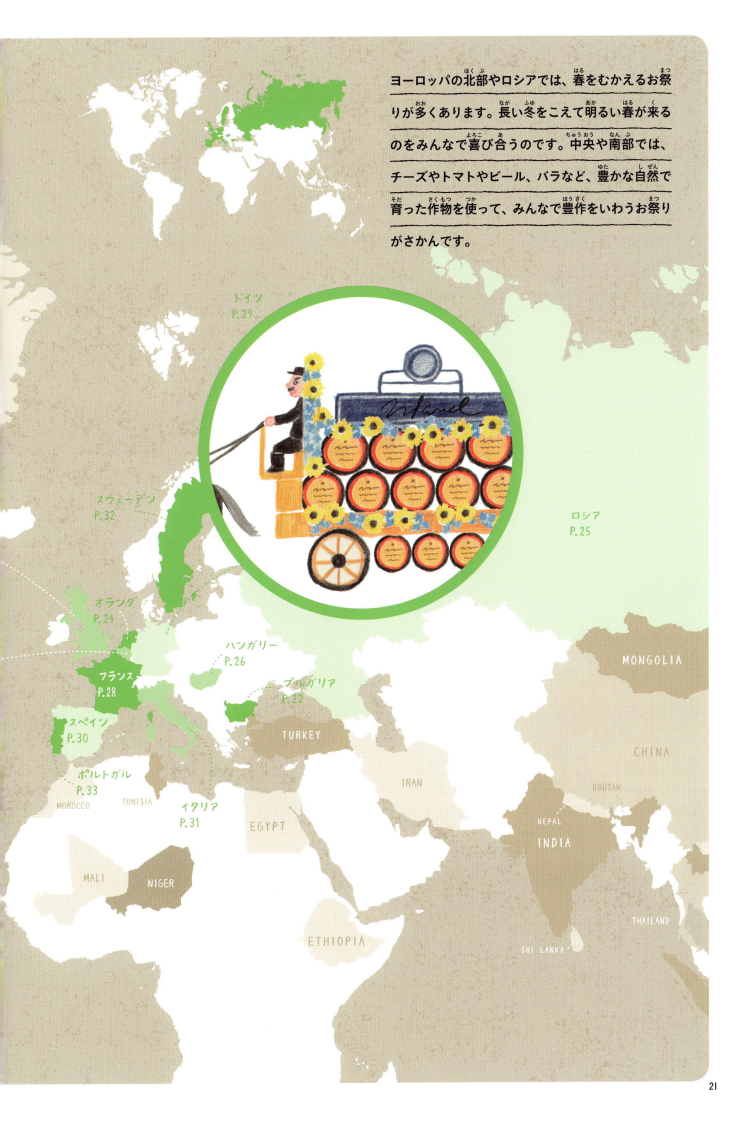

ヨーロッパの北部やロシアでは、春をむかえるお祭りが多くあります。長い冬をこえて明るい春が来るのをみんなで喜び合うのです。中央や南部では、チーズやトマトやビール、バラなど、豊かな自然で育った作物を使って、みんなで豊作をいわうお祭りがさかんです。

ブルガリア

ヨーロッパの東よりにあり、黒海にめんしている。農業がさかんで、香水用のバラの花、ヤギの乳で作るヨーグルトやチーズなどが有名。

世界一のバラの国で開かれる花祭り

バラ祭り

地域：カザンラクほか　時期：6月の第1日曜日

年に一度、バラつみの季節に、ブルガリアのあちこちで開かれるお祭り。とくに"バラの谷"と呼ばれるカザンラクのお祭りが大きい。6月になると、あたり一面にバラがさき、町中によい香りが広がる。お祭りのときは、民族衣装を着た人たちがバラ畑に出て、バラへの感謝やおいわいのダンスをおどる。

> ん〜いい香り！つみ取ったバラは香水にするんだよ。

バラの谷で育てられているのは、小さなピンク色のバラ。花が開くと香りがにげるので、つぼみのうちにつむ。

バラ祭りは100年以上前から行われている。祭りの最終日には、だれでもバラ畑に入って、バラつみを楽しめる。

パレードやブルガリア民謡のコンサートなども行われる。パレードでは"バラの女王"が花びらをまいて歩く。

急な坂の上からチーズがコロコロ

チーズ転がし祭り

地域：グロスター　時期：5月最後の月曜日

毎年5月の最後の月曜日に開かれる。丘の上から、丸くて平たいチーズのかたまりを転がして、みんなで追いかける。あまりに坂が急なので、とちゅうでスピードが出すぎたり、足がからまったりして転ぶ人が多い。200年以上の歴史があるお祭りで、毎年世界中から、かけっこじまんの参加者が集まってくる。

イギリス

大西洋にうかぶ島国で、グレートブリテン島とアイルランド島の北部からなる。伝統のある王国で、工業やスポーツがさかん。

かたむき45度の坂を、重さ3.5キロのチーズが転がっていく。

坂を下るのではなく、坂を一気にかけ上がるレースもある。

1着で坂を下りきった人には、チーズがプレゼントされる。

坂を転がるスピードは時速112キロにもなるんだって！速いね〜。

オランダ

ヨーロッパ北部にある国。国土の4分の1が、海面より低いので、水をくみ出すために風車を使う。チューリップ畑や牧場が多い。

王の誕生日をオレンジ色でおいわい
王の日（女王の日）

地域：オランダ全土　時期：4月27日

1885年から続くお祭りで、今は毎年4月27日に開かれている。オランダではオレンジ色が"君主の色"とされているため、その日は国中がオレンジ色に染まる。人々はオレンジ色の衣装や小物を身につけて、町に出かけたり、パレードに参加したりする。また、家のなかや町のあちこちには、オレンジ色の風船やリボンのかざりがつけられる。

オレンジ色の服を着ること以外は、おいわいのしかたは自由。歌ったり、おどったり、お酒を飲んだりして楽しむよ。

お祭りの前の日から、各地でコンサートなどが行われ、だんだんお祭りムードが高まっていく。

1年で一番もりあがる日で、国民にとってなくてはならない行事。この日は、パレードのために、路面電車やバスはお休み。

つらい冬を送り、春をむかえるお祭り
マースレニツァ

地域：モスクワ
時期：四旬節（2月上旬～3月上旬）の前週

ロシアの冬は長くて、寒さがきびしい。太陽があまり出ないので、朝から夜までうす暗い。そんな冬が去って、明るくすごしやすい春が来ると、人々は喜び合い、太陽をイメージした「ブリヌイ」という、ぶあついパンケーキを食べたり、冬をイメージさせる「かかし」を燃やしたりする。

ロシア
ユーラシア大陸の北部に広がる、世界一大きな国。石油などの地下資源が豊か。国を東西に走る「シベリア鉄道」が有名。

おとなたちは「ウォッカ」という強いお酒でよっぱらう。そして、楽しいケンカをするのが、昔からの伝統。

ロシアの民族衣装を着たかかし。みんなで公園に集まって、かかしに火をつけ、冬とお別れする。

1週間続くお祭りの最終日は、「ゆるしの日曜日」。1年のよくない行いを家族やなかまにあやまって、ゆるしてもらうよ。

ハンガリー

ヨーロッパのなかほどにある海がない国。農業がさかんで、ブドウやパプリカなどがよくとれる。温泉が各地にある。

ハンガリーで最大のカーニバル
ブショーヤーラーシュ祭

地域：モハーチ　時期：2月下旬

大きな角のついた仮面をかぶり、毛むくじゃらの衣装を着た「ブショー」が、500人もの集団でボートにのって、モハーチの町にやって来る。そして、大きな音をたてて、人々にイタズラをしながらパレードをする。冬の終わりと春のおとずれをおいわいするお祭りで、最後の夜には、ブショーは大ぜいでたき火をかこみ、火祭りをする。それが、冬の終わりのしるし。

仮面の顔は最初はこわいけど、よく見ると、あいきょうがあるね！

こわい顔をしたブショーが家々をまわるよ。
パレードは、お祭りの期間の日曜日に行われる。

ブショーヤーラーシュは「ブショーの行進」という意味なんだ。

昔、この地で戦争があったとき、悪魔のかっこうでおどかすと、敵がにげていったことから、このお祭りがはじまった。

1万5000びきのネコが大集合

ネコ祭り

地域：イーペル　時期：3年ごとの5月の第2日曜日

イーペルは昔から毛織物でさかえた町で、ネズミから毛織物を守ってくれるネコは大切な存在だった。しかし、「ペスト」という悪い病気がはやると、魔女のしわざと考えられ、ネコは魔女の手先として悪者あつかいをされるようになった。イーペルの人たちは、ネコを窓から投げて殺すようになり、それが「ネコ祭り」のはじまりといわれる。今では、投げるのはネコのぬいぐるみになり、ネコのかっこうをした人々が町中をパレードする楽しいお祭りになっている。

ベルギー

ヨーロッパの西よりにあって、北海にめんしている。北部は平原が多く、あちこちに水路がめぐっている。チョコレートやワッフルなどが有名。

大きなネコの人形をのせた山車や音楽隊なども出る。
パレードの後は、魔女の人形を燃やすイベントが行われる。

ネコのほかにも、ネズミや魔女、昔の貴族の衣装など、さまざまなかっこうで楽しむんだ。

フランス

ヨーロッパの西よりにある国。芸術の国として有名で、首都パリでは世界的なファッションショーが開かれる。ワインづくりがさかん。

世界三大カーニバルの一つ
ニースのカーニバル

地域：ニース
時期：2月下旬〜3月上旬の2週間

700年もの歴史があるカーニバルで、世界中から100万人以上が集まる。一番の見どころは、18台の山車で行うパレード。王様やおひめ様などの大きな人形をのせた山車が出て、その年のテーマに合った物語を見せる。ほかにも、たくさんの花でかざった山車が出て、美しい衣装を着た女性たちが花を投げていく。

春のおとずれをいわうパレード。パレードでは、紙ふぶきやスプレーなどのかけ合いがあり、大さわぎになるよ。

国を守った若きヒロインをまつる
ジャンヌ・ダルク祭

地域：オルレアン　時期：5月7日、8日

イギリスと戦った「百年戦争」で、フランスを守り、若くしてなくなった少女、ジャンヌ・ダルクをたたえるお祭り。人々が一番楽しみにしているのは、「ミス・ジャンヌ・ダルクコンテスト」。ジャンヌ・ダルクと同じ年ごろの少女が参加する。

コンテストで選ばれた少女は、最終日に兵士の衣装で白馬にまたがり、サント・クロワ大聖堂までパレードをする。

毎年秋に行われるビール祭り
オクトーバーフェスト

地域：ミュンヘン　時期：9月の第3土曜日〜10月上旬

ビールのもとになる麦の豊作をいわうお祭りで、毎年9月終わりから10月はじめにかけて開かれる。それぞれの地方の民族衣装を着た人たちが、大きなビールのたるをのせた馬車でパレードをする。また、大きなテントのなかで、みんなでワイワイとビールを飲む。1810年にバイエルンの皇太子の結婚式をいわう行事で、ビールが配られたのがはじまり。

ドイツ

ヨーロッパのなかほどにある国。首都ベルリンがある北部は平野が広がる。ジャガイモやブドウがつくられ、ビールやソーセージも有名。

立ったまま飲むのはルールいはんで、かならず席に座って飲まないといけないんだ。

大きなジョッキで飲むよ！

会場はとても広く、約600万人が参加して、約750万杯のビールを飲む。

カンパイのかけ声は「プロースト」！

その年の春につくりはじめたビールが、できあがるのが秋。
大きなジョッキで、ゴクゴク飲むのがおいしい。

スペイン

大西洋と地中海にめんした、イベリア半島の国。ダンスの「フラメンコ」がとくに有名。オリーブやオレンジ、ブドウ、トマトがよく育つ。

トマトのぶつけ合いで町がまっ赤

ラ・トマティーナ（トマト祭り）

地域：ブニョール　　時期：8月最後の水曜日

午前11時にスタートの合図があると、みんなでいっせいにトマトの投げ合いをはじめる。人も道路も建物もみるみる赤く染まり、トマトの洪水のようになる。二度目の合図が鳴ると、ピタッと投げ合いが止まる。若者のケンカからはじまったとか、国への不満からはじまったという説もある。

トラックにある山もりのトマトをつかんで、だれにでも投げる。トラックにのりこんで、上から投げるのも、あり。

係員たちがホースで水をまいてトマトを洗い流し、参加者は町角に作られたシャワーで体を洗う。数時間後には、町はすっかり元どおりになるよ。

命がけの牛追い祭り

サン・フェルミン祭り

地域：パンプローナ　　時期：7月6日〜14日

スペインは「闘牛の国」として知られる。朝8時、体重500キロをこす闘牛の群れが、町なかを走り出す。その体にさわった人は「勇者」になれる。闘牛は気があらく、あばれて人にむかってくるので、ケガをすることもある。

祭りには上下白の服を着て、首に赤いバンダナを巻いて参加する人が多い。

美しい仮面と衣装でおどるカーニバル

ベネツィア・カーニバル

地域：ベネツィア　時期：2月下旬〜3月上旬の2週間

貴族の舞踏会に出てきそうな仮面と衣装をつけた人たちが、歌っておどる。昔、身分がはっきりわかれていた時代に、仮面で正体をかくして、みんなで飲んだり歌ったりしたのがはじまりという説がある。カーニバルの最後の週末には、サン・マルコ広場で、仮面の美しさをきそうコンテストが行われる。

イタリア

地中海につき出した、長ぐつのような形の国。古い建物や芸術作品が残っている。ピザやパスタなどの料理が人気。

お祭りのあいだは、
町のあちこちで仮面が売られていて、
カーニバルにとび入り参加する人や、
旅の記念に買っていく人も多い。

仮面は、一つ一つ色や形、
顔つきがちがう。
ガラスや焼き物、動物の革など、
さまざまなもので作られるよ。

お祭りさわぎは2週間続く。お祭りのかっこうをした人たちが、
レストランで食事をしていたり、ゴンドラ（小舟）にのっていたりもするよ。

スウェーデン

スカンジナビア半島の東側の国。森と湖が多く、家具作りがさかん。首都のストックホルムで毎年ノーベル賞の授賞式が行われる。

聖女ルシアをたたえる光のお祭り

ルシア祭

地域：スウェーデン各地　時期：12月13日

キリスト教では、聖女ルシアは、人々に光（太陽）をもたらす存在。スウェーデンの冬は長くて暗いので、人々はルシアをとくべつ大切にしている。ルシア祭は、毎年12月13日に行われる。その日は、ヨーロッパの昔のカレンダーで「冬至」にあたる。冬至は、1年で一番夜の長い日で、次の日から昼の時間が少しずつ長くなっていく。太陽が復活したことをルシアに感謝するために、教会や学校、それぞれの家などでおいわいをする。

頭にろうそくのかんむりをのせたルシア役と、手にろうそくを持った子どもたちで、ルシアのための曲「サンタルシア」を歌う。

教会での儀式が終わると、子どもたちは町を歩いて、人々にパンやクッキーを配るよ。

空いっぱいに広がる色とりどりの傘
アゲダグエダ

地域：アゲダ　時期：7月〜9月の3か月間

2012年から、毎年夏に開かれている芸術のお祭り。7月になると、アゲダの町に星の数ほどの"傘の花"がさく。そのようすは、まるで絵本の世界のよう。空を見上げながら、さんぽをしたり、ベンチに座っておしゃべりをしたりする人が多い。ポルトガルは真夏の日ざしが強いので、日よけにもなる。コンサートホールでは、お祭りのあいだ毎日、音楽ライブなどが行われる。

ポルトガル

イベリア半島の西のはしにある国。大航海時代には、船のりたちが船で海に出て、世界一周をめざした。コルクの生産は世界一。

わぁ！風がふくと傘がユラユラしてきれいだね！

建物のあいだにワイヤーをわたして、傘をつるすと、空中にうかんでいるように見えるよ。

商店街の中心の通りだけでなく、細い横道にも傘の花がさいている。通りによって色の組み合わせがちがうんだ。

中東、アフリカ

モロッコ P.37
チュニジア P.38
トルコ P.39
イラン P.36
エジプト P.42
マリ P.43
ニジェール P.41
エチオピア P.40

砂ばくのまんなかに
人がたくさん！
あのけしょうは
何だろう？

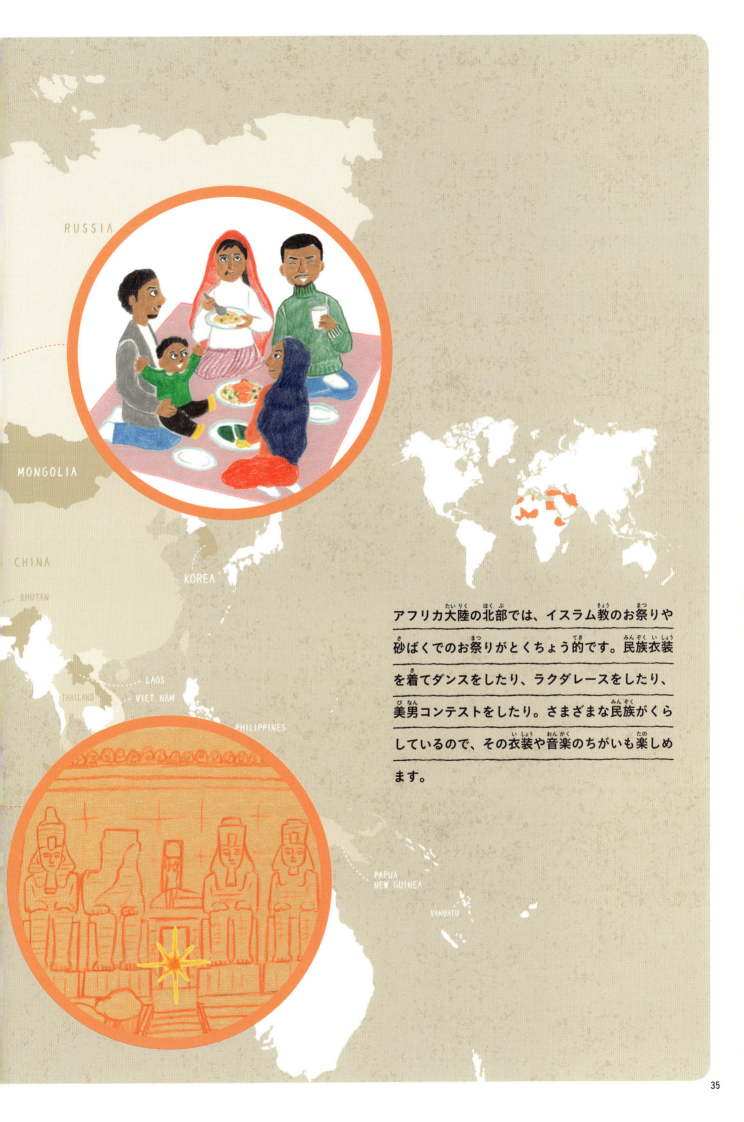

アフリカ大陸の北部では、イスラム教のお祭りや砂ばくでのお祭りがとくちょう的です。民族衣装を着てダンスをしたり、ラクダレースをしたり、美男コンテストをしたり。さまざまな民族がくらしているので、その衣装や音楽のちがいも楽しめます。

イラン

中東（アジアとアフリカのあいだの地域）にあるイスラム教の国。羊の毛で作る「ペルシャじゅうたん」が有名。

ゾロアスター教のお正月
ノウルーズ

地域：イラン全土　時期：3月の春分の日

イスラム教が伝わる前、この国ではゾロアスター教が信じられていた。その習慣や文化が今でも残っている。人々は、新しい年をむかえるために、家族やしんせきで集まっておいわいをする。年が明けてから13日めは、「スィーズダ・ベダル」と呼ばれる。家にいるとよくないと考えられていて、家族で外に出かける。

ノウルーズは13日めでおしまい。最後の日は、みんなで野山までハイキングをして、外でバーベキューをしたりピクニックをしたりするよ。

ゾロアスター教では、今の春分の日（3月21日ごろ）が新年にあたる。

「ノウルーズ」は、「新しい日」という意味。1年で一番大切な日をむかえるために、年末は大そうじをする。

たくさんの民族が歌やおどりをひろうする

マラケシュ・フェスティバル

地域：マラケシュ　時期：7月の約5日間

モロッコにはベルベル人やサハラの人々など、さまざまな民族がいる。民族どうしの交流を深めるためのお祭りが、マラケシュの町で開かれる。昔の宮殿がある広場には、はなやかな民族衣装を着た人たちが、国中から集まってくる。そして、それぞれの民族に伝わるダンスを見せ合い、歌や音楽を聞かせ合う。

モロッコ

アフリカ大陸の北西のはしにある。国土のまんなかにアトラス山脈があり、その南に世界最大のサハラ砂ばくがある。

広場は、色とりどりの民族衣装とふしぎな音楽であふれるよ。まるでまほうの世界のよう。

花よめ衣装を身につけた女性がウェディング・ショーをしたり、ラクダがダンスをしたり、めずらしいステージも見られるんだ。

マラケシュは迷路のように入り組んだ町なみがとくちょうで、世界遺産にも登録されている古い都。

チュニジア

アフリカ大陸の北のはしにある。昔からヨーロッパとの交流がさかん。カルタゴ遺跡など、昔の建物が多く残っている。

砂ばくの民が集まってラクダレース

インターナショナル・フェスティバル・サハラ

地域：ドゥーズ　時期：12月下旬の4日間

1956年まで、チュニジアはフランスの支配を受けていた。そこから解放されて独立した記念にはじまったお祭り。サハラ砂ばくの入り口の町ドゥーズで、毎年12月に行われる。砂ばくでラクダやアラブ馬などを飼って生活している「ベドウィン」という遊牧民たちが集まって、詩のコンテストやパレードやラクダレース、アラブ馬のレース、犬のウサギ狩り、ダンス大会などをする。

長いスカートは熱から体を守るんだって！砂ばくの民の民族衣装だね。

広い砂ばくで、十数頭のラクダがいっせいにかけだす。砂を巻きあげて走るすがたが、かっこうよい。

お祭りのときは民族楽器の音が鳴り、たくさんの人が集まり、ふだんは静かなドゥーズの町がにぎわうよ。

舞台の上からたくさんのあめがふるお祭り

マニサ・メシル・あめ祭り

地域：マニサ　時期：4月下旬

今のトルコができる前の国、オスマン帝国の時代から続くお祭り。オスマン帝国の皇后が病気でねこんだとき、主治医が作った香辛料入りの「あめ」で元気になったことから、市民にも配られるようになった。それがきっかけで、あめをまくお祭りが生まれた。今では、皇后役と医者役がいて、物語をおしばいで見せる。そして、舞台の上からあめをばらまく。このあめをとると元気ですごせるといわれているので、何万人もの人がお祭りに集まる。

41種類の香辛料とハーブをねり合わせて作ったあめ。毎年5トンものあめがまかれる。

このお祭りは、2017年で477回をむかえた。2012年には、ユネスコの無形文化遺産に登録されたよ。

トルコ

アジアとヨーロッパのあいだにあり、黒海とエーゲ海、地中海にかこまれている。トルコ料理は世界三大料理の一つ。

細長くてかわいいあめ

皇后が食べたあめはドロッとした水あめだったが、今はかためてある。

あめが色とりどりの紙でつつまれていて、きれいだね。

エチオピア

アフリカ大陸の東部にある国。ナイル川の上流にあり、国土の大部分が高原で、マラソンがさかん。コーヒー豆が有名。

イエス・キリストの洗礼をおいわいする日
ティムカット

地域：アジスアベバなど　時期：1月18日〜20日

神にちかいを立てて、キリスト教の信者になる儀式を「洗礼」という。神の子といわれるイエス・キリストが洗礼を受けたことをおいわいする行事が「ティムカット」。毎年1月19日になると、司祭や信者がそれぞれの教会から「タボット」という箱を持ち出して、神の力がやどるといわれる水場や小川をめざす。目的地についたらタボットのまわりに水をまき、おいのりをして、また教会へもどる。

頭の上にのせて運ぶよ

タボットのなかには「十戒」というキリスト教で大切にされている考え方がきざまれた石板が入っている。

司祭のあとを修道士や信者、楽隊などがついていって、パレードのようになるよ。

行列の先頭にいるのが司祭（教会の代表者）。ごうかな衣装を着て、手には竹でできた十字架を持っている。

ベルなどの楽器を鳴らしたり、お香をたいたりして、司祭たちが出発する。

タボットはとても大切なものなんだね！

砂ばくの遊牧民ボロロの美男大会
ゲレウォール

地域：ティギダンテスム　　時期：9月中旬

ラクダや馬などとくらすボロロ族は、動物たちのエサをもとめて国中を旅する。季節ごとに住む場所をかえるので、ふだんはしんせきもバラバラ。でも、雨の季節が終わる9月になると、動物たちに栄養をとらせるために、みんなが同じ場所に集まってくる。そこで開かれるお祭りは、男性たちがユニークなけしょうをして、美しさをきそい合う。しんせきとひさしぶりに会ったり、男女の出会いがあったりするお祭りは、きびしい砂ばくぐらしの人たちにとって、とくべつな日。

ニジェール

アフリカ大陸の北よりにある国。国土の大部分がサハラ砂ばく。ウランや金がよくとれ、恐竜の化石も多く見つかっている。

赤や黄色のけしょうをし、鼻が高く見えるように線をひく。白い目や白い歯を目立たせる表情を作り、ダンスをおどって女性にアピール。

おしゃれなボロロの人たちは、自分たちのラクダや馬にも、ししゅうされた布などで美しいかざりつけをする。

コンテストのしんさは、若い女性たちがするんだって！

41

エジプト

アフリカ大陸の北東のはしにある国。世界一長いナイル川がある。ピラミッドやスフィンクスなどの遺跡が、今も残っている。

これ、3000年以上も昔の人が作ったの!?

年に2回のとくべつな光のショー

アブ・シンベル太陽祭

地域：アブ・シンベル　時期：2月22日、10月22日

アブ・シンベル神殿は、ラムセス2世という王が建てた。神殿のおくには部屋があり、ラムセス2世や太陽神ラーなどの像をまつってある。ふだんは光のとどかないその部屋に、年に2回だけ、太陽の光がさしこむ日がある。そのとくべつな日に、おいわいのお祭りが開かれる。神殿のまわりでは美しい光のショーが行われ、人々はごちそうやおどり、音楽でもりあがる。

ラーは、エジプトの神話に出てくる太陽の神様。頭が鳥のハヤブサの形をしていて、目から出る光で、敵をやっつけるといわれている。

ラムセス2世が生まれた日の2月22日と、王になった日の10月22日に、朝日が神殿の内部を照らすように作られているよ。

せんぞの霊をまつる、仮面ダンス
ドゴンの仮面祭り

地域：バンディアガラの断崖　時期：不定期

バンディアガラの断崖では、ドゴン族の人たちが切り立った岩の表面に家を作ってくらしている。ドゴンのお祭りは、神や動物をイメージした仮面をつけて、ダンスをおどる。なかでも、12年に一度行われる「ダマの祭り」や、60年に一度行われる「シギの祭り」が有名。仮面をつけた男たちが、ごうかな衣装を身につけて、竹馬にのったり、おどったりしながら、神話の世界をおしばいにして見せる。

マリ
アフリカ大陸の西よりにある国。北部はサハラ砂ばくで、全体的に乾燥している。ニジェール川のまわりでは、綿花や米などが作られる。

選ばれた職人さんにしか、仮面の作り方は教えられないんだって。

仮面は、お祭りのたびに新しくする。儀式の内容や演じる役がらによって、いろいろな仮面があるよ。

「ダマの祭り」で使われる仮面「カナガ」。上のよこ棒は「天」、下のよこ棒は「地」をあらわす。たて棒は天と地をむすんで生まれる「いのち」。

アメリカ

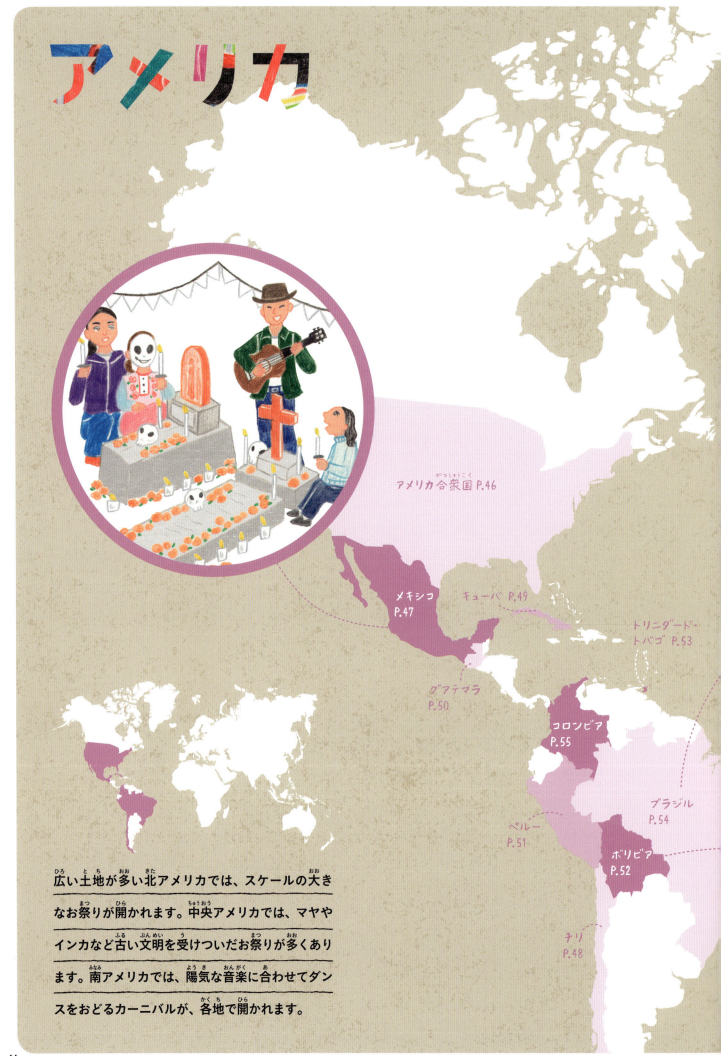

アメリカ合衆国 P.46
メキシコ P.47
キューバ P.49
トリニダード・トバゴ P.53
グアテマラ P.50
コロンビア P.55
ペルー P.51
ブラジル P.54
ボリビア P.52
チリ P.48

広い土地が多い北アメリカでは、スケールの大きなお祭りが開かれます。中央アメリカでは、マヤやインカなど古い文明を受けついだお祭りが多くあります。南アメリカでは、陽気な音楽に合わせてダンスをおどるカーニバルが、各地で開かれます。

アメリカ合衆国

北アメリカ大陸の中央にある本土とアラスカ、ハワイなど全部で50の州からなる。本土の東はしから西はしまでは4000キロもある。

大空にうかぶ熱気球のショー

アルバカーキ国際気球フェスタ

地域：アルバカーキ　時期：10月上旬

約147万平方メートルの大草原を会場にして、世界中から集まった600機以上の熱気球が青空に飛ぶ。50以上の国々から約8万人が見学や取材にやって来る。朝6時、風むきや安全をかくにんするパトロール飛行をしたあと、何百もの熱気球がいっせいに飛びたっていく。夜は気球を大地に立てて火をともす「ナイト・グロー」が行われる。大きなキャンドルのようで美しい。

3日間飛び続けるレースもあるよ！

雨や風が少なく、おだやかなアルバカーキの気候は、気球を飛ばすのにピッタリ。

最近では、動物やキャラクターなどの形をしたユニークな気球もあるよ。

死者のたましいをむかえておいわい

死者の日

地域：メキシコ各地　時期：11月1日、2日

メキシコの古い宗教とキリスト教がまざって生まれたお祭り。お墓をきれいに手入れして、花やろうそくでかざり、死んだ人の好きだったごちそうやお酒などをそなえて、歌ったりおどったりして、たましいをむかえる。お祭りの時期になると、町では、さとうで作ったがいこつの形のおかしや、木やろうなどで作ったがいこつのおもちゃなどが売られる。

11月1日は、子どものたましいが帰ってくる日。
2日は、おとなのたましいが帰ってくる。

メキシコ

北アメリカ大陸の南よりにある。サトウキビ作りがさかん。石油や銀などの地下資源も豊か。犬のチワワはこの国で生まれた。

はでにかざって明るくおむかえ！

がいこつには、「死」と「生まれ変わり」の両方の意味があるよ。

死者のたましいが迷子にならないように、明るい色と強い香りの「マリーゴールド」の花をお墓にかざるよ。

チリ

南アメリカ大陸の太平洋側にある国。南北に細長くて気候が大きくちがう。北部には砂ばく、南部には氷河がある。モアイ像が有名。

イースター島の伝統を守るお祭り
タパティ・ラパヌイ祭り

地域：イースター島　時期：2月ごろ

チリ本土から約3700キロはなれた太平洋にぽつんとうかぶイースター島。お祭りのメインは、ようきな音楽と歌に合わせておどる伝統舞踊のコンテスト。男性は体に絵の具でもようをかいて、腰みのをつけて力強くおどる。女性はビキニのような衣装を着て、明るくおどる。

舞踊コンテストには約40チームが出場。歌やおどりは、チームごとにちがうよ。

ほかにも、カヌーやボートのレース、バナナをかかえて走ったり、坂道を台車ですべったりする競技も行われる。

イースター島は年間を通して暑いので、民族衣装ははだを多く見せるものが多いんだ。

どれい時代のお祭りが今に伝わる
ハバナ・カーニバル

地域：ハバナ　　時期：7月か8月

キューバの人々の多くは、昔アフリカからつれて来られた人たちで、サトウキビ畑で「どれい」として働かされていた。きびしい仕事や生活のなかで、苦しさをわすれられるのがお祭りの日だった。「ハバナ・カーニバル」はキューバでもっとも古いお祭りの一つ。伝統のカーニバル音楽「コンパルサ」にのせて、ようきにダンスをする。夕方には海岸通りでコンサートを開き、カリブ海にしずむ夕日を見ながら、ごちそうを食べる。

キューバ

大西洋とカリブ海にかこまれた島国。サトウキビ作りがさかんで、タバコや葉巻などが有名。野球などのスポーツもさかん。

竹馬にのってダンスをするよ。

南国らしい明るい色の衣装。人々は数か月前から衣装や山車の準備をする。

カーニバルはキューバ各地で開かれ、さまざまな楽器で音楽をえんそうするのが、ハバナのとくちょうだよ。

グアテマラ

中央アメリカにあり、太平洋とカリブ海にめんしている。国土の半分以上が山地で、地震が多い。マヤ文明がさかえた場所。

死者のたましいをまつる大凧あげ

死者の日の凧あげ大会

地域：サンティアゴ・サカテペケス　時期：11月1日

毎年11月1日になると、おおぜいの人が墓地に集まって、にじ色の大きな凧を何百も大空にあげる。雲のあいだを凧がくるくる上っていくと、人々はかんせいをあげる。グアテマラでは、凧は生きる者から死者へのメッセージを運ぶと考えられている。お祭りの最後には、みんなで凧を燃やして、死者のたましいを静かにねむらせる。

グアテマラのお墓はとてもカラフル。
お祭りのあいだ、墓地で歌ったり、
ごちそうを食べたりするよ。
まるでピクニックのようなんだ。

うす紙と布と竹だけで作った凧は、
大きさのわりに軽くて高く飛ぶ。
でも、風が強いと
紙がやぶけてしまうこともあるんだ。

凧はもようも色も
一つ一つ
全部ちがう！

大きいものでは
直径10メートルにもなる。
一人では凧に引っぱられてしまうので、
たくさんの人であげるよ。

古代インカ帝国のお祭りが復活
インティ・ライミ

地域：クスコ　時期：6月24日

クスコは、昔のインカ帝国の首都。1500年代にスペイン人が入ってきて、クスコの町はこわされてしまったが、人々は自分たちの文化を守り続けた。「インティ・ライミ」もずっと禁止されていたが、1944年に復活。一番の見どころは、サクサイワマン遺跡で行われる太陽神の儀式。トウモロコシのお酒やコカの葉などを使って、太陽神においのりをする。最後は、ラクダのなかまの「リャマ」を神へのおそなえとしてささげる。

ペルー

南アメリカ大陸の西よりにある国。アマゾンのジャングル、たくさん魚がとれる太平洋など、地域ごとにとくちょうがある。

儀式が終わると、民族衣装を着た人たちがおどって、お祭りをもりあげる。

リズムに合わせてとびはねるよ！

王様役の男性が今年の豊作を太陽神に感謝し、来年の豊作をいのる。

クスコの町では、「みこし」をかついだり、笛や太鼓で音楽をえんそうしながらパレードをしたりするよ。

51

ボリビア

南アメリカ大陸のなかほどにある、海のない国。首都ラパスは3600メートルの高地にある。西部にはアンデスの山々がつらなる。

約200組がバンドえんそうに合わせておどる
オルロのカーニバル

地域：オルロ　時期：2月～3月ごろ

約200のグループが20種類以上の音楽に合わせて、おどりながら町をパレードする。人気のある音楽は、カポラレスとモレナダ。この二つは、この国の人々が「どれい」として働かされていた時代の音楽で、仕事の苦しさや家族と別れるかなしみなどがこめられている。男性の衣装には重さ50キロもあるものもあり、空気のうすい高地では、着ているだけでも大変。女性の衣装はミニスカートにハイヒール。

> ダンサーと楽隊だけで約4万人！

パレードは朝から夜中まで4日間続く。
仮面をつけているグループや、民族衣装を着ているグループなどさまざま。

腰をリズミカルにゆらしておどるカポラレスのダンス。
腰を動かすたびに、スカートが広がるよ。

はげしいリズムと音楽でおどるカーニバル
トリニダード・カーニバル

地域：ポートオブスペイン
時期：1月下旬～3月上旬

昔、フランス人の農園で「どれい」として働かされていた人々は、主人がパーティーを楽しんでいても参加をゆるされず、くやしい思いをした。そこで、自分たちでカーニバルをはじめたのが、今のお祭りのきっかけ。1863年にどれい時代が終わり、自由になった人々は、「ソカ」とよばれるにぎやかな音楽などで自分たちのお祭りをもりあげていった。

トリニダード・トバゴ

南アメリカ大陸の北にうかぶ島国。トリニダード島とトバゴ島の二つからなる。カカオやコーヒーが育つほか、石油がとれる。

羽かざりや花かざり、スパンコールなどがついた、はなやかな衣装でおどる。民族衣装の人もいるよ。

ソカの音楽には、苦しい時代をのりこえた強さと明るさがある。お祭りを楽しむ人たちもみんな笑顔。

おっとっと！
竹馬でおどるのってむずかしい！

ブラジル

南アメリカ大陸の約半分に広がる大きな国。北部はアマゾンのジャングル。農業がさかんで、コーヒー豆の生産は世界一。

世界でもっとも有名なサンバ・カーニバル

リオのカーニバル

地域：リオデジャネイロ　時期：2月下旬～3月上旬

南米のカーニバルで、もっとも活気があるといわれるのが「リオのカーニバル」。カーニバルの期間には、世界中から約110万人の観光客が集まる。数千人からなる楽隊とダンサーの集団「エスコーラ」が12組ほど出場し、とぎれなくパレードを行う。全組で順位をきそうので、参加者はお祭りといいながら本気モードになる。キラキラした衣装とにぎやかなサンバ音楽、あせが飛びちるダンスが何時間も続く。

エスコーラの衣装は年ごとにテーマが決まっているんだ。何か月もかけて、ごうかな衣装を何千人分も作る。

カーニバルは別名「謝肉祭」。キリスト教で40日間、肉を食べるのをやめる「四旬節」の前に、おいしい肉を食べてにぎやかにいわうよ。

4～5日のあいだ、夜通しおどるよ！

黒くなったり白くなったりが楽しいお祭り
黒と白のカーニバル

地域：パスト　時期：1月4日〜6日

コロンビア

南アメリカ大陸の北西のはしにあり、太平洋とカリブ海にめんしている。エメラルドなどの宝石がよくとれ、コーヒーも有名。

毎年1月4日〜6日に行われる新年のお祭り。4日はパレードが行われる。5日は「黒の日」で、町で出会った人の顔をすみで黒くぬる。6日は「白の日」で、白い粉をかける。昔、黒人の休日が1月5日だったころ、スペイン人たちは5日に顔を黒くぬって黒人のふりをして、自分たちも休日を楽しむようになった。すると、黒人たちも6日に自分たちの顔を白くぬり、白人のふりをして休みはじめた。この習慣が長く続いて、今のお祭りになった。

昔、スペインの支配を受けていたころ、黒人のどれいたちは1月5日が新年の休みだったんだよ。

小麦粉やチョークの粉、スプレー式の「あわ」などを相手にふきかけて、全身をまっ白にする。

はだの色のちがいによる区別なく、なかよくもりあがる楽しいお祭り。

お祭りをグループ分けしよう

お祭りは、そのお祭りが生まれた歴史や
お祭りをする目的などによって、
いくつかのグループに分けることができます。
どんなグループがあるか見てみましょう。

豊作のお祭り

- タイの「ロイクラトン」
- ブルガリアの「バラ祭り」
- ドイツの「オクトーバーフェスト」など

今年の豊作を感謝したり、来年の豊作をいのったりする。「豊作のお祭りがない国はない」というくらい、大昔から世界中で行われてきた。

宗教のお祭り

- インドの「クンブメーラ」
- エチオピアの「ティムカット」
- スウェーデンの「ルシア祭」など

キリスト教や仏教、ヒンズー教、イスラム教などの行事や儀式から生まれたお祭り。クリスマスは、キリスト教のお祭り。

記念日のお祭り

- 中国の「春節」
- オランダの「王の日（女王の日）」
- フランスの「ジャンヌ・ダルク祭」など

国をすくった英雄が生まれた日や、歴史的なできごとが起こった日、お正月など、とくべつな日をおいわいするお祭り。

せんぞのお祭り

- パプアニューギニアの「ゴロカショー」
- メキシコの「死者の日」
- マリの「ドゴンの仮面祭り」など

せんぞのたましいが安らかにねむることができるようにいのったり、せんぞのたましいをむかえていわったりするお祭り。

競技をするお祭り

- モンゴルの「ナーダム」
- イギリスの「チーズ転がし祭り」
- スペインの「サン・フェルミン祭り」など

強さや速さ、勇気などをきそったり、動物と戦ったりするお祭り。参加したり、おうえんしたりするのを楽しむ。

竹永絵里（たけなが・えり）

イラストレーター。多摩美術大学美術学部情報デザイン学科卒業。
F-SCHOOL OF ILLUSTRATION、山田博之イラストレーション講座受講。
書籍、広告、WEB、雑貨デザインなどで活躍中。
多くの人に親しまれるイラストを描く。
近年は、海外でも個展やワークショップを開催。趣味は旅行！
HP：http://takenagaeri.com

編集：ナイスク（http://naisg.com）
プロデューサー：松尾里央
高作真紀／藤原祐葉／中野真理
執筆：松本理恵子
校正：山川稚子
装丁・デザイン：遠藤亜由美
DTP：高八重子

［参考文献・資料・サイト］

『ビジュアル版 世界のお祭り百科』スティーヴ・デイヴィ 著（柊風舎）／『国際理解を深めよう！ 世界の祭り大図鑑』芳賀日出男 監修（PHP研究所）／『改訂新版 辞書びきえほん 世界地図』陰山英男（ひかりのくに）／『日本と世界の祭り』辻原康夫 監修（小学館）／『一生に一度は見たい世界の祭り』（宝島社）／『祝祭 世界の祭り・民族・文化』芳賀日出男 監修（クレオ）／『新年のお祭り』アラン・ブラックウッド 著（同朋舎出版）／『世界の祭りと子どもⅠⅡⅢⅣ』西田敬 写真・文（大日本図書）／『大好きに会いに行こう！ 世界のお祭り＆イベントガイド』trippiece 監修（ローソンHMVエンタテイメント）／『日本旅行業協会』http://www.jata-net.or.jp/／『DTACベトナム観光情報局』http://www.dtac.jp/asia/vietnam/entry_4.php

---

わくわく発見！ 世界のお祭り

2017年12月20日　初版印刷
2017年12月30日　初版発行

画：竹永絵里
発行者：小野寺優
発行所：株式会社河出書房新社
〒151-0051　東京都渋谷区千駄ヶ谷2-32-2
電話　03-3404-8611（編集）03-3404-1201（営業）
http://www.kawade.co.jp/

印刷・製本　図書印刷株式会社
Printed in Japan　ISBN978-4-309-61345-1
落丁・乱丁本はお取り替えいたします。
本書のコピー、スキャン、デジタル化等の無断複製は著作権法上での例外を除き禁じられています。本書を代行業者等の第三者に依頼してスキャンやデジタル化することは、いかなる場合も著作権法違反となります。

世界のお祭りクイズ

下にあげた四つのお祭りは、
それぞれどの国のお祭りのことかな？
よ～く思い出してね。

雨をふらせる神様をむかえて、豊作をいのるお祭り。女神の生まれ変わりとされる女の子がいる国はどこだったかな？

〈くわしくはP.15へ〉

トマトを投げ合って、大さわぎをするお祭りだよ。トマトがたくさんとれる国って、どこだっけ？

〈くわしくはP.30へ〉